OBSÈQUES

DE

M. Marie-Benjamin HURAULT

PRÊTRE DE LA MISSION

NOTICE ET ORAISON FUNÈBRE

Par M. l'Abbé APPERT,

CHANOINE HONORAIRE,
CURÉ-ADMINISTRATEUR DE SAINT-ALPIN DE CHALONS.

CHALONS-SUR-MARNE

IMPRIMERIE MARTIN FRÈRES, PLACE DU MARCHÉ-AU-BLÉ, 50.

1886.

M. Marie-Benjamin HURAULT

OBSÈQUES

DE

M. Marie-Benjamin HURAULT

PRÊTRE DE LA MISSION

NOTICE ET ORAISON FUNÈBRE

Par M. l'Abbé APPERT,

CHANOINE HONORAIRE,
CURÉ-ADMINISTRATEUR DE SAINT-ALPIN DE CHALONS.

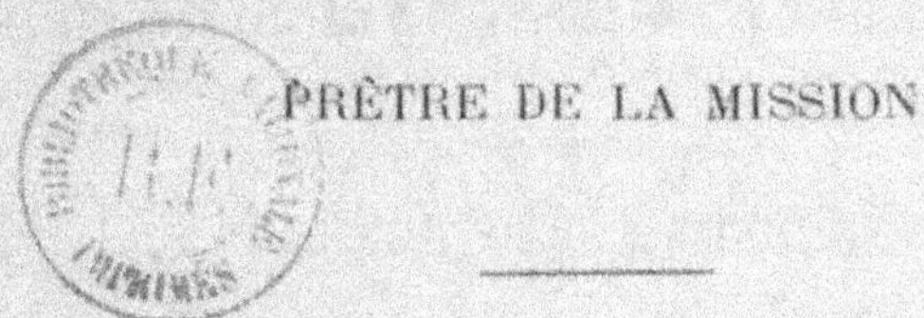

CHALONS-SUR-MARNE
IMPRIMERIE MARTIN FRÈRES, PLACE DU MARCHÉ-AU-BLÉ, 50.

1886.

OBSÈQUES

M. Marie-Benjamin HURAULT

PRÊTRE DE LA MISSION

———

Le clergé de Châlons, fier à juste titre des nombreux ouvriers évangéliques partis de ses rangs pour les Missions, a regardé comme une faveur providentielle de pouvoir rendre les honneurs de la sépulture à l'un d'eux, le regretté M. Hurault, prêtre de la Congrégation, décédé à Kouba, près Alger, le 2 août 1886, dans la 57ᵉ année de son âge, la 33ᵉ de sa vocation religieuse.

M. Marie-Benjamin Hurault était né à Cernay-en-Dormois, en 1831. Il était le dernier des cinq enfants d'une famille très religieuse. Ses études commencées au Petit Séminaire de Saint-Memmie furent interrompues pendant quelques années. Il donna à ses oncles et à ses frères une part de son travail. C'est à cette époque qu'il eut un accident qui faillit lui coûter la perte complète de la vue.

Un soir, c'était en 1852, il fait visite à un prêtre expirant, M. Thiellement, professeur distingué du Petit Séminaire et prêtre bien vénéré. L'attraction de ces deux âmes l'une pour l'autre reste un secret ; mais voici ce qui nous est confié par un ami. M. Hurault quitte le lit de M. Thiellement pour se rendre à la petite chapelle de la Congrégation, et là, après une fervente prière, il dit à Dieu : « Si vous rappelez à vous ce saint prêtre, je prends sa place. » Et de fait, quelque temps après, le grand Séminaire comptait un lévite de plus. Cette décision avait coûté à M. Hurault. Lui-même le déclarait à ce même ami, quand, le rencontrant et l'embrassant, il lui dit : Oh ! que ta présence me fait du bien : que j'ai souffert depuis quelque temps ; mais Dieu soit béni ! c'en est fait !

Il était dit que cette nature ardente ne suivrait pas les chemins battus. Après un an de Grand Séminaire, notre châlonnais sollicite son entrée parmi les prêtres de la Mission. C'est là qu'il reçut la prêtrise en 1857.

Le jeune religieux est attaché pendant quinze ans aux travaux obscurs mais laborieux de la Procure générale de la maison de Saint-Lazare.

Son temps se partageait entre ses fonctions et les soins assidus qu'il donnait à plusieurs communautés. Sa piété trouvait là son expansion.

Après la mort du T.-H. Père Etienne, M. Hurault fut nommé professeur d'Ecriture-Sainte et de droit canon à Evreux. Ce fut là, de 1872 à 1883, qu'il s'adonna avec une véritable passion à tout ce qui pouvait orner l'esprit du prêtre et agrandir sa sphère d'action.

Il travaillait, sans le savoir, pour un autre avenir.

Lisbonne et Madrid vinrent réclamer tour à tour un prêtre auxiliaire qui pût servir les intérêts de la Mission. Les supérieurs assignèrent ce poste à M. Hurault.

Enfin, ce digne religieux que la besogne ne fatiguait jamais et que l'obéissance trouvait toujours prêt reçoit sur la fin de 1885 sa destination pour Kouba, près Alger.

Les missionnaires qui habitent ce poste ont une circonscription d'environ mille lieues s'étendant vers le nord de l'Afrique.

« M. Hurault, dit une correspondance, semblait heureux dans
« sa nouvelle situation; son caractère ouvert, franc, gai, était à
« l'aise. Je veux, disait-il, me fixer à Kouba, autant que la
« Providence me le permettra. » C'était là, on le voit, plus que
« de la résignation. Du mois de janvier au mois d'août, terme
de ses travaux apostoliques, il n'a ni trève, ni repos. Dieu seul
allait mettre un arrêt à cette vie dévorante.

« M. Hurault, dit une lettre de Kouba, revenait, fin de juillet,
« de la très chaude plaine du Chéliff, où il avait travaillé pen-
« dant huit jours. Il était très fatigué. On craignait qu'il ne
« pût partir le surlendemain pour Bouïra, paroisse située au
« pied du Jurjura, où il devait aller préparer des enfants à la
« première communion. En effet, après quelque alternative de
« mieux et de pire, son malaise s'aggrava : la fièvre se déclara
« et il fut comme frappé de mort le 2 août, à trois heures de
« l'après-midi. » De vifs regrets éclatèrent autour du corps de
ce vaillant missionnaire, et ses obsèques, quoique hâtées,
comme il est d'usage sous un ciel brûlant, furent très solennelles.

Un télégramme annonce cette mort foudroyante à M. Eugène
Hurault, et immédiatement un second télégramme demande
la dépouille mortelle de ce frère tant aimé. La seule consolation
au milieu de ce deuil imprévu était de relire les dernières
lettres du bon missionnaire si empreintes de charité et de confiance en Dieu.

Enfin le corps arrivé à Châlons, le 14 août, est déposé dans
l'église Saint-Alpin. La chapelle du Bon-Dieu-de-Pitié est
tranformée en chapelle ardente. De longues draperies noires,
tendues avec art, dessinaient l'ogive et descendaient jusqu'aux
angles des piliers auxquels elles se rattachaient par de riches
embrasses. Il était saisissant à voir ce cercueil qui se profilait
dans le sombre au pied de notre Christ garrotté. La prière
naissait d'elle-même.

Par une intention aussi pieuse que délicate, une statue de

la Sainte-Vierge apparaissait comme pour recommander à cette bonne mère, au jour de sa grande fête, son dévot et bien dévoué serviteur.

On distinguait aussi, bien près de la bière, la cornette de nos sœurs de charité. Elles avaient tenu à faire cette garde d'honneur près de celui qu'elles pleuraient comme un père. L'empressement du clergé et des fidèles autour de cette tombe, pendant la journée du 15 août, fut vraiment très édifiant.

Le lendemain, l'église Saint-Alpin, prenait un aspect imposant. Autel, chœur, piliers, chaire à prêcher, tout, jusqu'à l'orgue, était drapé avec goût.

Dès neuf heures et demie, le corps, d'un poids considérable, était amené dans le chœur et déposé sur le catafalque. A dix heures et demie l'office commençait.

Une assistance nombreuse remplissait le chœur et les nefs de l'église. Dans le chœur on remarquait à côté de M. l'abbé Musart, vicaire-général, de MM. les chanoines et du clergé de la ville, les professeurs du grand séminaire de Châlons et plus de dix prêtres lazaristes, compagnons de M. Hurault dans ses études et dans les périls qu'il avait affrontés pour la religion. Le deuil était conduit par le frère du défunt, M. Eugène Hurault, et, par ses neveux. Un assistant venu de Paris, M. Foing, représentait le supérieur général de la Congrégation. C'est à lui qu'étaient dévolues les dernières prières de l'absoute, tandis que trois lazaristes officiaient à l'autel.

On comprend ce que devait-être le magnifique cortège lorsqu'il se déroula complet le long du quai des Arts. Le char funèbre semblait comme il a été dit, un char de triomphe.

Aux quatre coins marchaient avec deux prêtres de la Mission, M. Geoffroy, du Grand-Séminaire de Cambrai, et M. Becker, de la maison de Kouba. M. l'abbé de Baye, aumônier militaire, et M. l'abbé Gouilly, ami du défunt.

Après l'office divin et avant l'absoute, M. l'abbé Appert, chanoine honoraire, curé-administrateur de Saint-Alpin, était monté en chaire où il prononça le discours suivant :

Scio cui credidi.
Je sais en qui je me suis confié.
(II Ep. à Tim. I. V. 12.)

MES FRÈRES,

A la suite du grand Apôtre, tous les croyants en Dieu et en Jésus-Christ, et à leur tête, prêtres et missionnaires, ont soutenu leur courage et ravivé leurs forces épuisées par cette parole : Je sais, travailleur des âmes, pour qui je me dévoue. Et n'est-ce pas le cri qui sort de la tombe de ce prêtre, de ce vaillant missionnaire ? Il savait à qui il devait s'en remettre, pour être payé de ses peines : *Scio.*

Ce n'était pas à moi, prêtre de paroisse, à prendre la parole devant cette assemblée si recueillie et si sympathique : elle revenait de droit à un des compagnons de mission de notre défunt, accouru ici pour mêler ses larmes aux larmes d'une famille éplorée. En cédant, d'ailleurs, à des désirs vivement manifestés, je n'ai fait que répondre à un ordre venu de plus haut.

Ne sommes-nous pas heureux, au surplus, de payer notre dette d'hommages à ce prêtre dont la carrière ne fut qu'une longue immolation ? Ne faut-il pas aussi, frère désolé de notre défunt, vous adresser un merci ? N'est-ce pas vous qui avez voulu que les funérailles de ce pieux missionnaire, commencées sous la brise de nos mers et sous le ciel d'Alger, vinssent s'achever dans les larmes plus recueillies encore des siens et dans les prières non moins ferventes de tous ses confrères ? Puissé-je donc, dans une courte analyse de la vie et de la mort du très regretté M. Marie-Benjamin Hurault, répondre à la juste attente de tous.

M. Hurault (Benjamin) est le dernier de cinq enfants, né sur la terre champenoise, l'an 1831, à Cernay-en-Dormois. On juge d'un arbre à ses fruits. Aussi ne me perdrai-je pas dans les détails d'une première éducation. Nous consulterons nos souvenirs, habitants de Châlons, et ces fils de famille qui ne sont qu'une lignée de chrétiens rediront la foi vive qui les avait bercés et la vigueur dont ils étaient trempés. Cette famille des

MM. Hurault a marqué depuis cinquante ans dans notre ville non-seulement par sa vie de labeur, mais aussi par son esprit chrétien. Chaque génération donne son prêtre, et il nous plaît, près de ce cercueil, de rappeler un nom de famille bien cher, celui d'un ancien dignitaire de notre clergé diocésain : M. l'abbé Hurault, mort curé archiprêtre de la cathédrale, ayant titre de vicaire-général. C'est de ce même esprit que semble tout d'abord s'inspirer M. l'abbé Benjamin Hurault. Il apparaît dans nos deux séminaires, mais il ne fait qu'y passer.

Quelle bonté à Dieu d'avoir dit expressément dans son Evangile : « Celui qui ne m'aime pas plus que son père, sa mère, ses frères, son pays... n'est pas digne de moi ! » Si ces paroles n'avaient pas été proférées à l'éternelle justification de ceux qui surmontent les sentiments de la nature, à quel supplice n'auraient pas été voués les cœurs blessés de l'amour de Dieu !

C'est ce sentiment qui, après avoir mûri au cœur de M. Hurault, le décide, en 1853, à quitter ses condisciples, dont plusieurs se pressent autour de son cercueil. Il semble avoir dit aux siens, avec un des frères de saint Bernard : Tous ces biens sont à vous : pour moi, je recherche les biens du ciel ; et, jugeant que le royaume du ciel ne s'acquière qu'en travaillant à la manière d'un habile négociant qui cherche, scrute et fouille la terre pour y découvrir les pierres précieuses, il se fit par son entrée dans la Congrégation des missions un de ces pionniers, un de ces chercheurs habiles pour qui le gain d'une âme est une arrhe pour le ciel. Il avait trouvé sa voie, notre digne défunt.

La maison de Saint-Lazare recevait en sa personne un digne émule des fils de saint Vincent-de-Paul, et son noviciat fut pour tous, supérieur et confrères, la révélation de ces brillantes qualités qui font le religieux accompli et l'homme d'avenir.

Le prêtre, en M. Hurault, répondit à toutes ces espérances. Paris le garde au sortir de son ordination ; puis la maison d'Evreux le compte comme sien. Au départ de cette ville, l'horizon de sa vie s'agrandit : Madrid et Lisbonne l'acclimatent, jusqu'à ce qu'il reçoive sa dernière mission, celle d'Alger.

Des rapports signalent M. Hurault à la Procure de Paris comme l'homme à la tête méthodique et patiente qui démêle, classifie tout et jette la lumière dans cette vaste administration où le chiffre joue son rôle et pèse de son poids. Quinze années s'écoulent dans ce travail mathématique. Mais ses supérieurs veillent à ne pas paralyser, dans un travail de bureau, les facultés brillantes et la piété éclairée départies à ce prêtre.

Un cours d'écriture sainte et la direction de plusieurs maisons religieuses lui étaient confiés. C'est alors qu'il demanda, par un travail patient, à la langue hébraïque, le secret du meilleur et du plus saisissant commentaire de la parole sacrée. Il gardera pour sa vie quelques reflets de ces premières et doctes illuminations.

L'existence de M. Hurault semblait s'aligner comme une belle rangée de chiffres, quand vint à passer sur la France et sur Paris l'horrible tourmente d'où sont partis nos maux, nos désastres et nos deuils. J'ai indiqué suffisamment la guerre de 1870-71. Notre confrère semble préparé, par la Providence, aux responsabilités nouvelles qui vont peser sur lui. Il est bon, il est brave, il est dévoué. Paris, parmi ses ambulances, compte la maison de Saint-Lazare. C'est dire que nous trouverons là notre jeune héros : il ravitaillera chacun de ceux qui lui sont confiés, et quand il aura pourvu à tout, il se souviendra, n'est-ce pas, mes sœurs, de ses filles de charité répandues dans tout notre Paris bombardé. On le verra aller droit à son poste et distribuer, mais là sans économie, les trésors de son cœur, de sa bourse et de son bel entrain. Ainsi le dépeignent ses confrères, l'homme à l'allure martiale, ne connaissant que son devoir.

C'est au milieu de ces tristes circonstances que survint un fait relaté aux annales de la congrégation, et particulièrement honorable pour M. Hurault.

Un général français avait fait une reconnaissance du côté de l'Hay, Thiais et Choisy-le-Roi, ce qui avait donné lieu à un combat très vif. Avis sur avis surviennent à la maison-mère, prévenant que l'amiral qui commande au fort de Bicêtre est déterminé à brûler l'Hay, fortifié par les Prussiens. La maison des sœurs est exposée au tir du fort, et cette maison, qui compte quatre-vingt-dix vieillards, sert en plus d'ambulance pour des blessés français et prussiens. Que faire ? Un seul moyen était à prendre : il fallait se rendre à l'Hay, avec le drapeau de l'ambulance, pour porter aux sœurs l'avis de s'en aller à Bourg-la-Reine ou ailleurs, ou bien de rentrer à Paris. L'honneur de cette mission périlleuse et presque aventurée revenait de droit à M. Hurault, confesseur ordinaire des sœurs de l'Hay. Vite, un brassard et un drapeau d'ambulance, et le voilà parti. Mais il avait compté sans nos soupçonneux ennemis.

M. Hurault était coiffé d'une petite casquette, portait la barbe et parlait allemand. A peine entré dans les lignes ennemies, il est arrêté. Vainement il déploie son drapeau d'ambulance. On ne croit ni au prêtre, ni à l'infirmier : le mot d'espion a été prononcé. Pour comble de malheur, la maison de l'Hay est évacuée et personne pour prononcer sur l'identité du suspect. Un officier prussien est là qui prend sommairement connaissance du cas fâcheux où se trouve engagé notre brave confrère. Sa cause est perdue. On lui montre un mur où quelques balles le feront mort. Il tente alors quelque justification vis-à-vis de l'officier, et ses paroles, froidement écoutées, lui obtiennent un sursis.

En attendant son jugement, il est jeté dans un petit cabanon où il n'a pour toute nourriture, pendant vingt-quatre heures, qu'un petit cervelas qu'il décortique avec un tesson de bouteille.

La situation était des plus alarmantes. Mais Dieu veille sur les siens. La porte du cachot s'ouvre pour notre prisonnier et il est conduit sous escorte à Corbeil. C'était sa délivrance. A son arrivée, en effet, il est acclamé par les sœurs de charité, et par là même justifié. On le salue comme l'ange de la Providence. Les secours religieux étaient insuffisants, et la connaissance des deux langues servit à M. Hurault près des blessés français

et allemands. C'est à Corbeil en effet que le charitable trans-
fuge de Paris passa les tristes jours du premier siège.

A-t-il fini sa mission de dévouement ? Non. Il a à peine réta-
bli l'ordre dans son service abandonné que le 18 mars ramène
pour Paris d'autres transes et d'autres périls. C'est le second
siège ; c'est la Commune.

A ce moment M. Mailly, procureur général, est admirable-
ment secondé par M. Hurault. Notre honorable diocésain conduit à travers les corridors de la maison une délégation de la
Commune, parlemente agréablement avec ses représentants,
les introduit partout, même au réfectoire où une petite réfection
leur est offerte, et joue si adroitement sur le terrain de toutes
les conciliations, qu'un certificat *de maison non suspecte*, est dé-
livré à l'établissement.

Chrétiens, n'avais-je pas raison de vanter comme homme de
courage celui qui sut faire face à de tels orages dans des moments si critiques ? Le danger est la pierre de touche qui fait
juger des hommes.

Enfin M. Hurault a pu sortir de Paris au moyen d'un
sauf-conduit pour se rendre à Bruxelles, près du T.-H. P.
Etienne, le Supérieur général. Il a la gloire de ramener
à la maison- mère celui qui avait dû, pour l'administration générale de sa vaste communauté, subir huit mois d'exil.

C'est à quelques mois de là que survint pour toute la Congrégation de la Mission la perte vivement ressentie du Très-Ho-
noré Père Etienne. Le changement de direction eut son contre-
coup dans la destinée de M. Hurault. Il fut désigné comme
professeur d'Ecriture-Sainte au Grand Séminaire d'Evreux.

La direction dans un grand Séminaire, n'est-ce pas l'œuvre
capitale des prêtres de Saint-Lazare ? Saint Vincent-de-Paul,
ce grand ami du peuple, ne pouvait davantage travailler au
bien des âmes qu'en façonnant à sa douce image l'apôtre des
petits et des humbles.

Et ici, Chrétiens, qu'il me soit permis de payer une dette
de notre commune reconnaissance. Et pourquoi pas ? N'avons

nous pas presque tous, dans ce diocèse, grandi à cette école des Lazaristes, sous ces maîtres vénérés pour qui le prêtre est un semeur dont ils remplissent la corbeille et les mains afin que sur son passage fleurissent les vertus.

C'est donc à Evreux que M. Hurault vint, pendant dix ans, prodiguer ses soins éclairés et ses enseignements précieux. Théologie, linguistique, ascétisme, il toucha à toutes ces sciences avec un égal bonheur, et il ne dédaignait pas, dans ses moments de loisir, d'étudier la flore des champs ou d'observer la famille si intéressante des petits oiseaux. On comprend combien pareille intelligence se frayait vite un chemin dans l'esprit des jeunes lévites et gagnait facilement leur confiance. Aussi le nom et le souvenir de M. Hurault sont restés vivants dans le diocèse d'Evreux.

Mais voici qu'il me faut évoquer ici un souvenir de famille bien douloureux.

En 1883, à pareille époque, M. Hurault revenait, et c'était hélas! pour la dernière fois, visiter les siens. Les siens! Ils lui étaient bien chers ! Il pleurait avec eux sur leurs deuils communs ; il souriait aux plus petits : il tendait une main encourageante aux aînés ; il redisait à tous : Servons Dieu et marquons nos années par de bonnes œuvres. Il aimait aussi cette ville qui était devenue sienne.

Un poète de l'antiquité a dit du sol qui nous a vu naître : Il ne permet à personne de l'oublier.

....Immemores nec sinit esse sui.

C'était bonheur aussi pour ce digne religieux de revoir notre Grand-Séminaire, qui lui rappelait ses souvenirs de pieux Lévite, et aussi nos asiles charitables peuplés de sœurs de charité. Ah ! filles pieuses et dévouées, je sais que je mets ici encore le doigt sur une plaie vive. Il vous souvient que ces dernières vacances, auxquelles je fais allusion, ont été pour M. Hurault, toujours infatigable, l'occasion d'une retraite qu'il vous prêcha. Vous seules savez tout ce que sa belle âme renfermait de trésors, de bonté et de piété. Comme il savait raviver en vos cœurs le feu sacré, et doubler vos énergies par un chaleureux appel à votre vocation ! Vos larmes, mes chères sœurs, redisent mieux que ma parole l'influence heureuse qu'exerça la parole évangélique de M. Hurault, non seulement parmi vous, mais dans toutes les maisons de votre Congrégation.

Enfin le mot d'adieu fut prononcé, et ce mot est dur aujourd'hui, c'était un dernier adieu. Il n'est pas jusqu'à cette chaire qui n'ait eu pour ainsi dire son adieu aussi : j'entendais, ces jours-ci, des chrétiens redire combien leur avait plu la parole si franche, si chrétienne, si pleine d'abandon, de M. Hurault.

De retour à Paris, ce digne religieux voit son obéissance mise à une nouvelle épreuve.

Madrid et Lisbonne ont deux églises dirigées par les Pères de la Mission. Notre saint Louis, le roi preux et chrétien, rallie sous son patronage les Français de Rome, de Madrid et de Lisbonne, et il me sera permis de dire à notre gloire, que dans ces villes royales le prêtre français est tenu en grande et haute estime.

C'est sur ce terrain de la nationalité et des influences chrétiennes que M. Hurault est envoyé. Il ne sera pas inférieur à sa tâche. L'étude successive des deux langues le captive. Il en a bientôt saisi l'accent et le génie ; il en vient, en peu de temps, à les parler correctement. Il a trouvé ce filon nouveau qui rendra son action sur les âmes plus puissante et plus générale.

Il fut là, M. Hurault, sur ce double théâtre où je ne puis le suivre, l'homme de confiance de sa compagnie, favorisant la Religion, secondant les bonnes œuvres, rendant aimable la piété, à ce point, qu'à la cour de Madrid, son nom était bien connu de cette jeune et infortunée princesse, qui trop vite descendit du trône dans la tombe.

On put croire un instant que les brillantes qualités de notre missionnaire et ses vertus apostoliques, le fixeraient dans ces oasis lointaines où la foi gagnait à rencontrer comme alliés la sagesse, la prudence et le discernement. Mais il fallait compter avec une autre influence.

Il y a sur notre terre d'Afrique un infatigable Apôtre, nouveau François Xavier, en qui s'est incarnée cette idée glorieuse de conquérir au Christianisme les terres conquises par nos armes.

J'ai nommé l'illustre cardinal Lavigerie, aux bras de centaure, qui embrasse dans une même étreinte Tunis, Carthage et Alger. Ce vaillant capitaine des milices chrétiennes veut, dans ses provinces agrandies, des lieutenants du Christ plus habitués encore à vaincre qu'à combattre. De là, ses hautes influences sur les Congrégations. Et pourquoi ne pas le supposer? de là l'appel de M. Hurault à la mission de Kouba, proche d'Alger. Pouvait-on choisir pour cette mission d'Afrique un homme plus expérimenté et ne devait-on pas croire à sa vaillance et à son intrépidité? Il comptait son demi-siècle et au-delà; mais sa taille athlétique, son énergie, son entrain, dissimulaient ses années. Le climat était dur sous ce ciel ardent, mais sa nature était résistante. Il ne se contentait pas de ses travaux d'office, relate un missionnaire pleurant sa mort, il acceptait les adorations et les retraites; c'était là l'emploi de ses jours de repos. Voilà le rude travailleur que révélaient les quelques lettres reçues par les siens.

Mais, ô surprise ! il y a quinze jours, le 3 août, une dépêche arriva à Châlons. Il fallait pleurer celui qui n'était plus. Qu'était-il arrivé? Les dernières nouvelles ont éclairé le fait.

M. Hurault revenait huit jours auparavant des environs d'Orléansville, où il avait travaillé pendant huit jours. Souffrant beaucoup de la soif, il avait bu à une fontaine très froide. Est-ce là l'imprudence qui provoqua une maladie? On ne le sait. Ce qu'on ne sait que trop, c'est que la fièvre, ce terrible ennemi de nos corps, saisit ce vaillant missionnaire et le secoua à la façon de la tempête qui se déchaîne sur nos grands arbres. Le délire survenu était un mauvais indice.

Le dimanche, ce délire fait place à un grand calme. Notre bon religieux profite de cet instant lucide pour se confesser. Ceci semble providentiel; car la fin de la journée est mauvaise et le lundi ne fait qu'ajouter à toutes les appréhensions de la veille. C'est ce même jour, vers trois heures, qu'une crise affreuse se déclara. Plus de doute, il y avait là un coup de mort.

Le Supérieur de la Maison, M. Vallette (à qui soit notre salut, car il fut de la maison de Châlons), se décide à administrer son vaillant missionnaire ; mais quelle dure étreinte pour ces bons Pères ! Les prières de l'Extrême-Onction commencées par l'un sont interrompues au milieu de son émotion, reprises par un second, qui succombe à son tour, et enfin achevées par un troisième. On ne peut, chrétiens, que compâtir à ce spectacle de la piété fraternelle, à cette scène qui se passe au-delà des mers. Notre compatriote était mort sous les bénédictions dernières de l'Eglise qu'il avait aimée, bénie et servie jusqu'à son dernier soupir.

Le lendemain, mardi, avaient lieu les obsèques solennelles du vénéré défunt. A ses confrères s'étaient joints les curés des paroisses voisines accourus en toute hâte, les religieux et religieuses, les séminaristes et une haute personnalité, dont la présence attestait tous les regrets, Mgr Dusserre, coadjuteur de son Eminence le cardinal Lavigerie. Un caveau avait reçu la dépouille mortelle de M. Hurault.

C'est alors que survint la décision de ce chef de famille qui, fier d'un si bel apostolat, voulut réunir dans le tombeau commun celui que chacun aimait et vénérait.

La mort l'a saisi, cet ouvrier du Christ, dans son labeur qui était sa gloire ; l'amitié d'un frère l'a arraché à l'Algérie ; les mers nous l'ont rendu comme une épave glorieuse ; Châlons lui fait des funérailles splendides ; une escorte bien vivante va le conduire à sa dernière demeure ; sa vie de prêtre, de religieux, de missionnaire, qui a eu pour étapes : Paris, Evreux, Lisbonne, Madrid et Kouba, n'a été qu'un long sacrifice à l'obéissance ; que faut-il de plus à la gloire sacerdotale de M. Hurault ?

Saint Ambroise me semble avoir esquissé cette vie dans ses qualités les plus marquantes : à savoir, la modération selon la nature des choses, l'esprit d'ordre dans le gouvernement, le silence même, mais le silence qui fait les affaires : *moderatio pro negotiis, ordo rerum, silentium negotiosum.* (De off. L. I., C. XXIV.)

Et maintenant, chrétiens mes frères, famille éplorée, permettez-moi un mot encore :

Je salue sur cette tombe nos missionnaires, nos religieux et nos religieuses qui se consument si rapidement dans les durs labeurs de l'apostolat. Je salue aussi ce clergé de France qui sait donner de sa pauvreté aux recrues des missions. Enfin parce que, dans ce temps de persécution, des mains charitables se sont tendues vers les persécutés, je salue, à la face de cette bière, l'armée de la charité, qui fait tout à la fois l'honneur de la France chrétienne et la force de l'Eglise.

O bon Jésus, crierons-nous tous vers nos tabernacles, souvenez-vous de celui qui vous pria si souvent et si longuement au pied de votre croix, souvenez-vous de sa vie évangélique, et donnez, près de vous, au digne et très regretté M. Benjamin Hurault un repos bien mérité, le repos éternel : *Dona ei requiem sempiternam !* Amen.

Châlons, imp. MARTIN frères.

www.ingramcontent.com/pod-product-compliance
Lightning Source LLC
LaVergne TN
LVHW021910180726
843502LV00008B/2998